# ÉLOGE FUNÈBRE

DU

## COMMANDANT LALLEMAND

Prononcé le 2 Décembre 1876

### EN L'ÉGLISE SAINT-JACQUES

A DOUAI

PAR M. L'ABBÉ EDMOND JASPAR

DOYEN DE LA PAROISSE

DOUAI

IMPRIMERIE CATHOLIQUE DE L. DECHRISTÉ

RUE JEAN-DE-BOLOGNE.

— 1876 —

# ÉLOGE FUNÈBRE

DU

## COMMANDANT LALLEMAND

Prononcé le 2 Décembre 1876

### EN L'ÉGLISE SAINT-JACQUES

A DOUAI

PAR M. L'ABBÉ EDMOND JASPAR

DOYEN DE LA PAROISSE.

DOUAI

IMPRIMERIE CATHOLIQUE DE L. DECHRISTÉ

RUE JEAN-DE-BOLOGNE.

— 1876 —

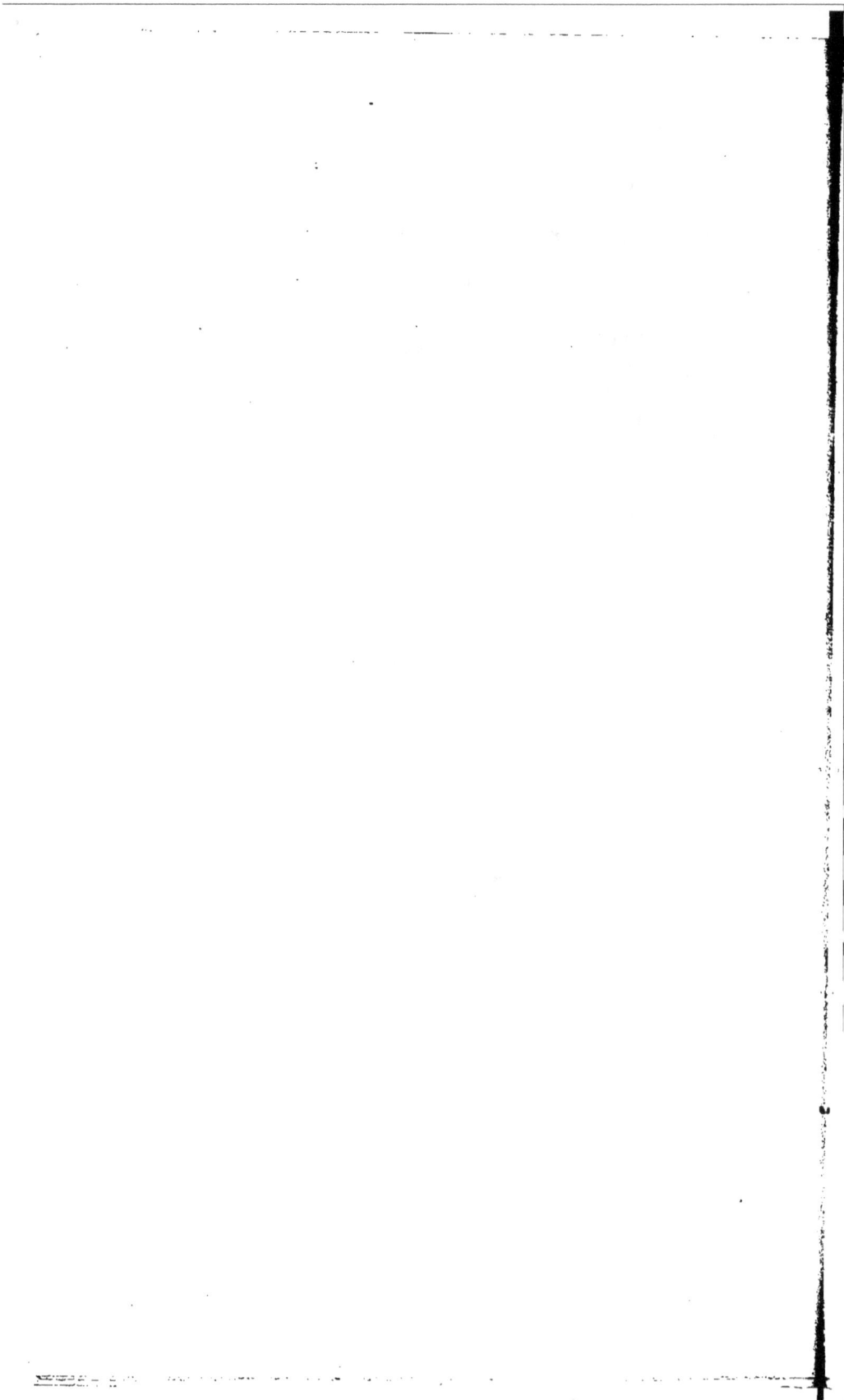

CŒUR DE JÉSUS

SAUVEZ
LA FRANCE
(Paroles de Charette à ses Zouaves.)

PRO PETRI SEDE        PRO PATRIA

A

# LA MÉMOIRE

# d'Oscar-François LALLEMAND,

ANCIEN CAPITAINE ADJUDANT-MAJOR AUX ZOUAVES PONTIFICAUX,

PROMU COMMANDANT AUX VOLONTAIRES DE L'OUEST EN 1870,

CHEF D'ÉTAT-MAJOR DE LA DIVISION DE CHARETTE EN 1871,

CHEVALIER DES ORDRES DE S. S. PIE IX ET DE FRANÇOIS I<sup>er</sup> DE NAPLES,

DÉCORÉ DE LA LÉGION-D'HONNEUR SUR LE PLATEAU D'AUVOURS

(BATAILLE DU MANS), LE 11 JANVIER 1871,

MORT PIEUSEMENT A PARIS, LE 14 NOVEMBRE 1876,

DANS SA QUARANTE DEUXIÈME ANNÉE.

R. I. P.

# ÉLOGE FUNÈBRE

DU

# COMMANDANT LALLEMAND.

—◦◦◦◦—

> « *Et dixerunt unusquisque ad proximum*
> *suum : Erigamus dejectionem populi nostri*
> *et pugnemus pro populo nostro et sanctis*
> *nostris.* »
>
> « Et ils se dirent les uns aux autres :
> Relevons notre nation de son abaissement,
> et combattons pour notre pays et pour notre
> foi. »   (Au Ier liv. des Mach., ch. 3, ⍭. 43.)

Combattre pour son pays et pour sa foi,
venger ses foyers et ses autels, en d'autres
termes devenir le soldat de la France sans
cesser d'être celui de l'Eglise, ce fut, Mes
Frères, la double vocation comme c'est le
double honneur de celui dont j'entreprends de
vous raconter la vie. Et si la courageuse pour-
suite de ces deux buts a suffi pour immor-

taliser les compagnons de Judas Machabée, accourus, au milieu du découragement universel, à la défense de leur patrie et de leur religion, menacées l'une et l'autre par l'invasion étrangère, le même dévouement, déployé dans les mêmes circonstances, justifiera sans doute les paroles de regret et d'éloge qu'une liaison de plus de vingt ans me donne le privilége de consacrer à l'impérissable mémoire du commandant Oscar-François Lallemand, champion intrépide du Saint-Siége et de la France, héros de Viterbe, de Mentana, de Patay et d'Auvours, mort, le 14 novembre, entre les bras du baron Athanase de Charette, son général et son ami.

## I.

C'est dans notre arrondissement de Douai, au village d'Auchy, que Lallemand vit le jour, le 23 février 1834. Fils d'un vétéran des guerres du premier Empire, qui n'avait, pour subsister, que sa pension de retraite et un modeste emploi dans l'administration des douanes, il

s'exerça de bonne heure aux privations ; et,
tout en recevant de sa digne mère les premiè-
res leçons de piété, il puisa, sans doute, dans
les récits paternels cette humeur hardie ,
ces goûts chevaleresques qu'on lui connut dès
ses plus jeunes années. Grandissant sous ces
deux influences, il se sentit fortement attiré
vers le sacerdoce ; mais on devinait déjà que
la monotonie du ministère pastoral n'irait
guère à cette âme militante , et qu'elle essaie-
rait tôt ou tard d'assouvir dans les hasards pé-
rilleux des missions ou dans les austérités
d'un cloître la soif de dévouement et d'abné-
gation qui la torturait.

Après de brillantes humanités au pensionnat de son village natal, il vint, en 1853, étu-
dier la philosophie au Grand-Séminaire de
Cambrai, et je m'y liai d'amitié avec lui, fasciné
que j'étais, comme bien d'autres, par sa rare
intelligence et son caractère merveilleusement
sympathique. Désireux de mieux éprouver sa
vocation , il retourna , comme professeur , au
pensionnat d'Auchy dont il accrut encore le
légitime renom ; et de là il fut transféré à
l'Institution-libre de Marcq-en-Barœul, près
Lille, où je le retrouvai en 1859.

Vous vous rappelez, Mes Frères, cette année si tristement fameuse par la déclaration d'une guerre à laquelle se rattache la responsabilité de nos récents malheurs, et par l'apparition d'une brochure (1) où la Révolution dévoilait la première partie, maintenant réalisée, de son sinistre programme. A dater d'alors, les événements se précipitèrent, et lorsqu'au mois d'avril 1860, le héros de nos campagnes d'Afrique, La Moricière, se vit chargé par Pie IX d'organiser les volontaires français, irlandais, belges, hollandais, canadiens, qui devaient à jamais s'illustrer sous le nom de ZOUAVES PONTIFICAUX, Lallemand fut du nombre des jeunes braves qui osèrent jeter à l'apathie générale la protestation d'un courageux exemple : *Et dixerunt unusquisque ad proximum suum : Erigamus dejectionem populi nostri ;* lui aussi voulut faire un rempart de son corps à ce pouvoir temporel, devenu, dans le plan de la Providence et par la force même des choses, la condition nécessaire de l'indépendance de la sainte Eglise : *Et pugnemus... pro sanctis nostris ;* et voilà pourquoi il courut, à

(1) *Le Pape et le Congrès.*

la suite de notre cher Henri Wyart, le glorieux
blessé de Castelfidardo, aujourd'hui trappiste,
s'enrôler dans cette phalange où l'attendaient
l'honneur et le sacrifice, deux stimulants aux-
quels son noble cœur ne résista jamais.

Il y arriva vers la fin d'août, et, bientôt après,
l'expédition de Ponte-Corvo lui fournit l'occa-
sion de révéler sa valeur. « Ses chefs, écrit un
témoin oculaire, augurèrent bien de ce beau
soldat, large d'épaules et franc d'allures, dont
les muscles d'acier défiaient la fatigue, et qui
portait dans ses yeux noirs tant de flamme et
tant de douceur (1). »

Vint ensuite cette longue, cette mortelle pé-
riode de six années d'inaction forcée, durant
lesquelles le découragement, provoqué par je ne
sais quel mauvais vouloir, éclaircit les rangs
des Zouaves jusqu'à ne plus laisser qu'un ef-
fectif de trois cents hommes présents, juste le
nombre des soldats autrefois choisis par Gé-
déon pour combattre les Madianites (2). Lallemand, que sa nature d'élite rendait plus sen-

(1) Voir le magnifique article du journal *La Croix*, nº du 24 novembre 1876.

(2) Juges, VII, 7.

sible que tout autre aux avanies, se montra l'un des plus obstinés à rester, « de peur de manquer un coup de feu, » et il était lieutenant quand les Garibaldiens envahirent, en 1867, les Etats-Pontificaux.

A cette nouvelle, Lallemand, quoique souffrant encore de la *malaria*, se dit que l'enivrement des batailles dissipera sa fièvre, et sollicite un poste de péril. Un hardi coup de main le rend maître d'Orte. Le 24 octobre, à la tête d'un peloton de quarante-deux Zouaves, convalescents comme lui, il repousse deux assauts livrés à Viterbe par quatre mille Garibaldiens. Apprenant que la junte municipale parle de capitulation, il entre dans la salle où le Conseil délibère, place son épée sur la table, et s'écrie : « Messieurs, on vous soupçonne de vouloir livrer la ville ; vous ne vous rendrez pas, ou je vous fais sauter ! » On se le tint pour dit, et Viterbe resta au Saint-Siége. Huit jours plus tard, un nouveau trait d'audace, accompli à Mentana, coupait la retraite à l'ennemi, et méritait à Lallemand les croix de Pie IX et de l'Ordre royal et militaire de François Ier de Naples.

Que je regrette, Mes Frères, de ne pouvoir

m'attarder au récit de ces prouesses, qu'on eût
célébrées davantage si la petite armée pontifi-
cale n'avait compté presqu'autant de héros
que de soldats! Et de quel autre nom désigner,
en effet, cet angélique Arthur Guillemin qui,
à peine guéri d'une épouvantable blessure, ac-
court se faire tuer à Monte-Libretti en criant
aux siens : « Allons, mes braves, mourons tous,
à l'assaut! » et ce Pierre Jong, cet athlètique
Néerlandais, qui dans le même combat abattait,
à coups de crosse de fusil, quatorze ennemis à
ses pieds, puis, tête nue, sans blessures, mais
haletant de fatigue, se jetait à genoux et tombait
percé de baïonnettes; et ce péruvien, Joseph
Sévilla, qui, frappé de cinq balles, traçait un
signe de croix sur chacun des cinq trous
qu'elles avaient creusés, et disait à l'aumônier :
« C'est comme LUI, j'ai cinq plaies; » et les
deux frères Emmanuel et Adéodat Dufournel...;
mais, selon le mot du vaillant colonel de Bec-
delièvre, il faudrait « les nommer tous, ou ne
nommer personne. » Et pourtant, au témoignage du baron de Charette, si bon juge
en matière d'héroïsme, « Lallemand était
le nom le plus populaire de ce régiment de
braves. » On a écrit de lui qu'il était l'officier

le plus brillant au feu qui se pût rencontrer (1). » Lui-même me disait un jour, à Rome, avec ce style pittoresque qui lui était propre : « Je ne sais ce que mon tempérament trouve de si réconfortant au branle-bas d'une bataille ; toujours est-il que l'heure où tout est sens dessus dessous est précisément celle où je me possède le mieux : je me sens devenir comme de glace. » N'est-ce pas la traduction militaire de ce passage de l'Oraison funèbre du Prince de Condé : « Dans le feu, dans le choc, dans l'ébranlement, on voit naître tout à coup je ne sais quoi de si net, de si posé, de si vif, de si ardent, de si doux, de si agréable pour les siens, de si hautain et de si menaçant pour les ennemis, qu'on ne sait d'où lui peut venir ce mélange de qualités si contraires ? » Comparez cette peinture à vos souvenirs, ô vous qui avez connu Lallemand, et dites-moi si elle ne vous le rappelle pas trait pour trait.

Mais nous voici arrivés à la dernière phase de la lutte inégale soutenue par le droit contre

---

(1) *La campagne des Zouaves Pontificaux*, par le capitaine S. Jacquemont, beau livre que ne saurions trop recommander.

la force, ou, si vous l'aimez mieux, par les op-
primés contre les oppresseurs. A peine nos
troupes, rappelées de Rome, s'embarquaient-
elles à Civita-Vecchia, — hélas! à cette même
heure les Prussiens franchissaient la frontière
d'Alsace et nous écrasaient à Wissembourg! —
qu'au mépris de la convention de septembre,
soixante-dix mille *cisalpins* investirent la Ville
Eternelle. Les Zouaves atteignaient à peine au
chiffre de dix mille : n'importe! ils voulaient se
faire massacrer jusqu'au dernier, et Lallemand,
qui chérissait Pie IX au point de « n'ambition-
ner d'autre récompense qu'un de ses regards,»
(1) ne se fût laissé dépasser en intrépidité par
personne; mais l'infortuné Pontife ne voulant
pas que la revendication obligée de ses droits
de souverain entraînât l'effusion du sang de
ceux qu'il appelait ses fils, avait ordonné
qu'aussitôt après l'ouverture d'une brèche par
les canons ennemis, on arborât le drapeau
parlementaire. Il fut obéi. Une dernière fois, il
fit descendre sur ses généreux défenseurs une

(1) « Un regard de Pie IX sera ma récompense, écrit-il un jour de
Castel-Gandolfo, je n'en désire point d'autre » (Lettre du commandant à sa mère).

bénédiction qui s'acheva dans un déchirant sanglot, et tandis qu'on emportait le saint vieillard évanoui, ses zouaves s'éloignaient à pas lents, répétant plus haut que jamais leurs cris de Vive Pie IX ! et ne se consolant du chagrin de n'avoir pu le venger que par l'espoir de revenir bientôt s'immoler pour sa cause. Plus que tout autre, Lallemand gardait une invincible confiance dans la victoire définitive de la Papauté : « Notre vie importe peu, avait-il coutume de dire ; si nous succombons à la tâche, nous aurons du moins transmis nos convictions à de futurs soldats qui les défendront avec le même courage et le même dévoûement que nous. (1) »

Vive Dieu ! cher défunt : j'aime à recueillir comme un prophétique message cette exclamation de votre foi ; mais, à coup sûr, si vos exemples suscitaient beaucoup d'âmes trempées comme la vôtre, ce jour-là, deux *Te Deum* enthousiastes pourraient monter vers le Ciel, l'un, pour chanter la délivrance de l'Eglise ; l'autre, pour saluer le relèvement de la France.

---

(1) Extrait de sa correspondance.

## II.

La France ! notre bien-aimée France ! Hélas ! Mes Frères, qu'elle était malheureuse au déclin de cette néfaste année 1870 !... Cinq cents combats devenus par un concours de coïncidences mystérieuses presqu'autant de revers; trente départements et vingt-cinq places fortes tombés au pouvoir de plus d'un demi million d'envahisseurs; cinq mille de nos canons emportés à Berlin; quatre cent cinq mille soldats prisonniers en Allemagne, en Belgique et en Suisse; cent cinquante mille hommes bloqués et affamés dans la capitale; un million d'autres, mal vêtus, mal nourris, mal armés, grelottant dans la boue et dans la neige; centquarante-trois mille blessés, cent soixante-seize mille tués et disparus, tel allait être l'effroyable bilan de notre situation, où ne figurent encore ni le versement des cinq milliards d'indemnité réclamés par le vainqueur, ni la mutilation du territoire, ni les saturnales sanglantes de la Commune!... Partout les larmes, le carnage, le deuil ; partout les suprêmes convulsions de l'agonie, préludant à la prostration de la mort!...

Je me trompe : dans l'armée de terre et surtout dans notre infanterie de marine, bien des braves soutenaient encore avec une indomptable vaillance l'antique prestige du nom français, et entre tous allaient se signaler ces Zouaves pontificaux, spontanément offerts au Gouvernement de la Défense par le baron de Charette, demeuré leur chef avec le titre de *Commandant la Légion des Volontaires de l'Ouest*. Vous l'avez deviné : Lallemand est là aussi. Il a vu la démoralisation de ses compatriotes, il brûle de rallumer leur courage à la flamme du sien, et le voilà qui trépigne de ne pouvoir déjà se battre : « *Erigamus dejectionem populi nostri, et pugnemus pro populo nostro!* » Nommé, *au choix*, chef de bataillon, il est chargé par le général de Négrier d'organiser au Mans des compagnies improvisées qui, le lendemain peut-être, devront affronter le feu. Il se dévoue à cette ingrate besogne « avec une activité, un tact, une énergie qui lui acquirent la plus haute estime de tous ses supérieurs (1). » Le Mans, a dit Charette, gardera toujours aussi, de son côté, le souvenir de son commandant de place.

Mais puisque l'évolution de l'année ramène aujourd'hui la date du 2 décembre, ce douloureux anniversaire m'oblige à rappeler la marche sur Patay suivie de cette bataille de Loigny à laquelle nos Zouaves prirent une si grande part. Et ici, Mes Frères, saluez avec moi l'apparition de ce fanion du Sacré-Cœur, envoyé tout exprès à Tours pour nos courageux volontaires. Ah! quelle phalange de preux il abrite sous ses plis! C'est d'abord le général de Sonis, le glorieux amputé (2), qu'il m'a été donné plus tard de voir assister au pèlerinage de Paray-le-Monial à côté de Lallemand, puis c'est Charette renversé par une balle, puis Troussures et du Bourg, le comte Fernand de

(1) « Tenez, disait le général de Négrier, voulez-vous un homme ? demandez un sergent de Pontificaux, vous pourrez dormir sur les deux oreilles. » Voir aussi la *Campagne des Zouaves Pontificaux*, par Jacquemont, p. 84.

(2) Voici ce qu'il écrivait le 1er novembre : « En partant pour l'armée, je me condamne à mort. Dieu me fera grâce, s'il le veut ; mais je l'aurai tous les jours dans ma poitrine, et vous savez bien que Dieu ne capitule jamais, jamais ! »

Bouillé, son fils Jacques et son gendre de Caze-
nove, Albert de Gastebois et tant d'autres, en
tête desquels il faut citer le porte-drapeau
Henri de Verthamon, destiné à rougir le premier de son sang la blanche bannière, et sur
le cercueil de qui sa jeune épouse en pleurs fera
baptiser son nouveau-né !...

Dieu ! quelle journée ! quelle moisson de
martyrs ! Le soir, quand on fit l'appel de ce
qui restait des *trois cents* Zouaves partis le
matin, on sut que DEUX CENT DIX-HUIT d'entre
eux étaient morts..., morts au champ d'honneur !

> « Le poëte qui suit du cœur cette bataille,
> Des géants de Vendée a reconnu la taille,
> Et son œil s'est mouillé.
> L'Histoire ouvre son livre aux feuillets d'or des braves,
> Et réunit vos noms, martyrs saints, fiers Zouaves,
> O Bonchamp ! O Bouillé ! (1) »

Et voilà pourtant les hommes qu'on a
osé qualifier de « ramassis de vils merce-
naires ! » Mais laissons cet outrage qui n'a
pu monter jusqu'à ces nobles fronts. Qui sau-
rait, d'ailleurs, dans vingt ans, le nom d'un

(1) E. Grimaud.

pareil insulteur, s'il n'avait essayé de salir de pareilles victimes ?

Mais hâtons-nous, car chaque jour amène un nouveau combat. Le 10 janvier, se livre celui d'Yvré-l'Evêque, inoubliable pour mon cœur à cause de la mort des deux frères Alphonse et Armand Fockedey. O mon pauvre Armand, que Lallemand et moi nous avons tant pleuré parce que vous fûtes successivement, à Marcq, notre élève à tous deux et quel élève ! vous avez expiré en disant que vous alliez au Ciel : eh bien, protégez de là-haut tous ceux que vous avez aimés !

Le 11 janvier est marqué par la bataille du Mans et par cet épisode de la charge d'Auvours, destiné à rester légendaire.— « Allons, Messieurs, a dit le général Gougeard, en avant pour Dieu et la patrie ! Le salut de l'armée l'exige ! » Et Lallemand d'escalader avec le commandant de Moncuit, sous une rafale de fer et de plomb, la rampe de deux kilomètres qui conduit au plateau.--« Les Zouaves Pontificaux sont de vrais Français ! » s'écrie, enthousiasmé, l'intrépide Gougeard, dont le cheval est percé de six balles ; et lorsqu'après des prodiges de vaillance, les Volontaires de l'Ouest ont obligé le prince Frédéric-Charles à donner l'ordre de la retraite, Gougeard décore l'adjudant - major Lallemand sur le plateau reconquis.

Le soir de ce même jour, le nouveau chevalier de la Légion-d'Honneur, escorté de quelques Zouaves seulement, va faire une reconnaissance sur le théâtre de son exploit. Il tombe dans une embuscade :« —Rendez-vous ! » lui crient ses adversaires. — Jamais ! » riposte l'audacieux commandant. Une décharge passe à ses côtés sans l'atteindre. Il se croise les bras avec un sang-froid superbe, regarde les Prussiens bien en face, et, comme s'il avait eu tout un bataillon sous la main, d'une voix vibrante il commande le feu. Ses hommes tirent, et l'ennemi déconcerté s'éloigne.

Faut-il s'étonner après cela que nos Zouaves et leur digne chef aient reçu les félicitations les plus flatteuses du général Jaurès (1), qu'ils aient été proclamés « héroïques » par Chanzy (2), et que Gougeard ait écrit d'eux « qu'il regardera comme un éternel honneur d'avoir commandé à de pareils hommes ? (3) »

(1) Ordre du jour daté de Mayenne, le 27 janvier.
(2) *La deuxième Armée de la Loire*, pag. 315.
(3) *L'Armée de Bretagne*, pag. 54.

Il me semble que les prétendus « merce-
naires » sont surabondamment vengés.

Quelques jours plus tard on signait l'armis-
tice, et enfin, le 13 août 1871, le décret de
licenciement des trois bataillons des Volontaires de l'Ouest rendait Lallemand à sa liberté.
Depuis lors, il a vécu près de nous, grâce à
l'hospitalité généreuse que notre vénéré Car-
dinal lui avait ménagée à Lille dans sa propre
résidence. Il se montra là comme partout
l'homme du désintéressement et de l'abnéga-
tion poussés jusqu'au scrupule, se dévouant,
corps et âme, jour et nuit, au service de ses
anciens camarades, consolant les uns dans
leurs peines, relevant les autres de leurs
abattements, les aidant tous non-seulement
de ses conseils et de son crédit, mais aussi des
fonds dont la charité catholique l'avait cons-
titué dispensateur, et dont il se gardait bien,
quoique pauvre, de rien réserver pour soi,
méritant en un mot ce magnifique témoignage
déposé sur sa tombe par le frère d'armes le
plus digne de le rendre : « Il n'est pas un de
nous qui n'ait, depuis seize ans, contracté en-
vers lui une dette de cœur ou de reconnaissance. »

Hélas! Mes Frères, et comment se fait-il qu'un pareil champion de l'Eglise et de la patrie n'ait échappé miraculeusement au trépas glorieux des champs de bataille, que pour aller mourir à Paris de la mort la plus obscure, d'une asphyxie déterminée par une fuite inaperçue du gaz de son foyer? Fallait-il encore, ô mon Dieu! ce dernier sacrifice,—l'un des plus humiliants, ce semble, aux yeux d'un soldat,— pour combler la mesure des mérites de votre serviteur et celle des expiations demandées à cette poignée de héros qui s'est offerte en holocauste pour Pie IX et la France, *pro aris et focis*? Mystère! Mystère!... Du moins, Seigneur, vous n'avez pas permis que cette suprême épreuve se prolongeât jusqu'à livrer notre amitié chrétienne à la plus douloureuse des perplexités. Nous savons que Lallemand recourait volontiers à ce sacrement des forts où s'alimentait son incomparable vaillance. Nous savons de plus qu'il avait assisté à deux messes le jour même de sa mort, et que Pie IX, le saint Pontife, a prié pour l'âme de son défenseur. Nous savons enfin qu'après dix heures de léthargie, le moribond rouvrit les yeux, recouvra connaissance, entendit les exhorta-

tions du R. P. Bailly, de l'Assomption, son
ancien aumônier militaire, le regarda et
pleura!.... « Cette larme, a dit Charette, est
notre joie, notre consolation, notre espé-
rance; » elle nous permet de penser, en effet,
que le Sacré-Cœur, si tendre et si compatis-
sant pour tous, ne l'a pas été moins pour son
dévoué soldat!

Et maintenant, ADIEU, pauvre ami, ou plu-
tôt AU REVOIR... dans l'éternité! J'aurais dû
confier, sans doute, à plus éloquent que moi la
tâche de vous révéler à tous tel que je vous
connaissais : mais mon cœur étouffait de son
silence, et je l'ai laissé parler. Au surplus, si
je n'ai pu réussir à le bien faire, il reste un
moyen de remédier à mon impuissance : c'est
de venir nous parler vous-même! Oui, sortez,
sortez de ce cimetière perdu de Saint-Ouen,
où dort — provisoirement, je l'espère — votre
chère dépouille. Votre place n'est point à
Paris, vaste caravansérail d'indifférents affai-
rés, où vous demeurez un étranger pour tout
autre que l'illustre chef qui vous pleure : votre
place est à Auchy, ou à Douai, ou à Lille, ou à

Marcq. Là-bas, dans la grande ville, vos anciens camarades seront les seuls à se détourner de leur route pour aller vous porter de loin en loin un pieux souvenir ; ici, au contraire, vous ne serez entouré que d'admirateurs et d'amis, et votre tombe fréquentée deviendra pour tous une école d'honneur où l'on ira réapprendre la sainte chose, trop oubliée, que j'ai voulu mettre en relief dans tout ce discours : je veux dire LE CULTE DE LA PATRIE REFLEURISSANT A L'OMBRE DE LA CROIX !